Ich bin fit für Klasse 5 !

Sabine Willmeroth

Mein Deutsch-Lernheft

Lösungsheft

AF706197

Verlag an der Ruhr

Impressum

Titel
Ich bin fit für Klasse 5! –
Mein Deutsch-Lernheft
Lösungsheft

Autorin
Sabine Willmeroth

Umschlagmotiv/Illustrationen Innenteil
© Anja Boretzki (soweit nicht anders angeben)

Druck
Heenemann GmbH & Co. KG, Berlin, DE

Verlag an der Ruhr
Mülheim an der Ruhr
www.verlagruhr.de

Geeignet für die Klasse 4

ISBN 978-3-8346-4155-7

Inhaltsverzeichnis

1 Sprache untersuchen

2 Richtig schreiben

3 Lesen

4 Schreiben

Liebe Schülerin, lieber Schüler!

Ich bin Nicki und zeige dir in diesem Heft **alle Lösungen** zu den Aufgaben aus dem Deutsch-Lernheft. Damit wirst du ganz leicht fit für Klasse 5!
In diesem Lösungsheft findest du alle Aufgaben und Übungen aus dem Deutsch-Lernheft mit den passenden Lösungen aus den 4 Bereichen

- **Sprache untersuchen,**
- **Richtig schreiben,**
- **Lesen** und
- **Schreiben.**

Die Lösungen sind immer in **grün** dargestellt, damit es für dich übersichtlicher ist. So kannst du ganz einfach überprüfen, ob du auch alles richtig gemacht hast.

Am besten überprüfst du deine Ergebnisse immer, sobald du eine Doppelseite geschafft hast. Wenn du alle Aufgaben einer Doppelseite richtig gelöst hast, darfst du dir nämlich einen von den **Stickern** vorn im Deutsch-Lernheft aussuchen und ihn auf den dafür vorgesehenen Platz unten auf der rechten Seite kleben.

Sollte eine Aufgabe noch nicht richtig gelöst sein, korrigiere sie und überlege, was der Fehler war. Danach darfst du natürlich trotzdem einen Sticker aufkleben.

Du hast alle Aufgaben und Übungen aus einem Bereich (Sprache untersuchen, Richtig schreiben, Lesen und Schreiben) richtig gelöst? Dann bist du jetzt fit in diesem Bereich und darfst dir den passenden Sticker hinten aus dem Deutsch-Lernheft nehmen und auf der letzten Seite einkleben.

Wenn du alle 4 Bereiche geschafft hast, bist du **fit für Klasse 5** und darfst den letzten großen Sticker aufkleben!

Viel Spaß und viel Erfolg!

Nicki

Konkrete Nomen

Nomen (Substantive) sind Wörter (Namen) für Menschen, Tiere, Pflanzen oder Dinge.
Beispiel: Vater, Hund, Blume, Seil

Nomen haben oft einen **Artikel** (Begleiter).
Beispiel: der Vater, der Hund, die Blume, das Seil

Nomen schreibt man **groß**.

1. Markiere alle Nomen grün.

LÄUFT ◆ HIER ◆ BAUM ◆ MANN
◆ BLAU ◆ OMA ◆ KNOTEN ◆
ICH ◆ LEHRER ◆ PALME ◆ DAS ◆
GRAS ◆ SINGT ◆ HAUS ◆ KATZE ◆
MAUS ◆ ROT ◆ GEHT ◆ EICHE ◆
SCHWESTER ◆ DIE ◆ DU ◆ TOR ◆
LILA ◆ BALL ◆ VOGEL ◆ GELB ◆
HAMSTER ◆ SIE ◆ IHR ◆ GRÜN ◆
SPIEGEL ◆ HOCH ◆ WIR ◆ BUCH ◆
SCHNELL ◆ ALT ◆ SIEHT ◆ GABEL ◆
LACHT ◆ HAT ◆ HUT ◆ WIE

Konkrete Nomen

2. Sortiere die 20 Nomen aus Aufgabe 1 richtig ein. Schreibe sie mit Artikel auf.

Personen: der Mann, die Oma, der Lehrer, die Schwester

Tiere: die Katze, die Maus, der Vogel, der Hamster

Pflanzen: der Baum, die Palme, das Gras, die Eiche

Dinge: der Knoten, das Haus, das Tor, der Ball, der Spiegel, das Buch, die Gabel, der Hut

Konkrete Nomen

Nomen gibt es meistens in **Einzahl** (Singular) und **Mehrzahl** (Plural).

Beispiel:
der Vater – die Väter,
der Hund – die Hunde,
die Blume – die Blumen,
das Seil – die Seile …

1. Schreibe die Nomen im Plural auf.

der Weg – die Wege

die Rose – die Rosen

das Land – die Länder

die Tanne – die Tannen

der Raum – die Räume

die Freundin – die Freundinnen

das Schiff – die Schiffe

die Nase – die Nasen

das Auto – die Autos

Konkrete Nomen

2. Schreibe auch die Personen, Tiere, Pflanzen und Dinge von Seite 6/7 im Plural auf.

Personen: die Männer, die Omas, die Lehrer, die Schwestern

Tiere: die Katzen, die Mäuse, die Vögel, die Hamster

Pflanzen: die Bäume, die Palmen, die Gräser, die Eichen

Dinge: die Knoten, die Häuser, die Tore, die Bälle, die Spiegel, die Bücher, die Gabeln, die Hüte

Die Geschlechter des Nomens

Nomen haben **Geschlechter**.

Sie können **weiblich** (feminin), **männlich** (maskulin) oder **sächlich** (neutrum) sein.

Das Geschlecht erkennt man am Artikel:

weiblich:	die, eine	*Katze*
männlich:	der, ein	*Hund*
sächlich:	das, ein	*Pferd*

1. Setze den richtigen Artikel vor jedes Nomen.

der Mond	die Sonne
das Tor	die Schule
die Tür	der Ball
das Haus	der Zaun
das Dorf	der Korb
der Apfel	das Mädchen
der Stift	das Glas
die Flasche	die Gitarre

Die Geschlechter des Nomens

2. Welches Geschlecht haben die Nomen? Der Artikel hilft dir. Markiere männliche Nomen blau, weibliche Nomen rot und sächliche Nomen grün.

Stern	Zeit	Lampe	Freund	Gemüse	Hand	Blatt
Gras	Held	Herz	Flughafen	Weg	Gabel	Brief
Licht	Auto	Stadt	Text	Dach	Strauch	Fluss
Köchin	Sturm	Lied	Kalender	Straße	Schule	Haus

3. Setze die Nomen aus Aufgabe 2 mündlich in die Mehrzahl.

4. Wie heißt der Artikel für alle Nomen in der Mehrzahl?

Der Artikel heißt die .

Abstrakte Nomen

Nomen sind auch Wörter für etwas Gedachtes. Man nennt sie **abstrakte Nomen**.

Das sind:

- **Gefühle oder Zustände**, zum Beispiel *Angst, Hunger, Hoffnung*
- **Vorstellungen**, zum Beispiel *Idee, Verstand*
- **Vorgänge**, zum Beispiel *Leben, Schlaf*
- **Eigenschaften**, zum Beispiel *Klugheit, Mut*
- **Verhältnisse**, zum Beispiel *Freundschaft*
- **Wissenschaften**, zum Beispiel *Biologie*
- **Zeitbegriffe**, zum Beispiel *Jahr, Ferien*
- **Handlungen**, zum Beispiel *Schnitt, Wurf*

1. Markiere alle abstrakten Nomen orange.

Fisch	Freude	Ärger	Stall
Trauer	Liebe	Wut	Blatt
Sonne	Feuer	Durst	Ruhe
Tapferkeit	Mut	Bank	Griff
Kind	Seele	Idee	Axt
Chemie	Angst	Tür	Tod
Frieden	Tag	Zeit	Floh
Ameise	Traum	Nuss	Bosheit

Abstrakte Nomen

2. Finde in jedem Satz die Nomen. Unterstreiche sie. Schreibe die Sätze richtig auf. Achte auf die Großschreibung!

Wir haben hunger und brauchen eine mahlzeit.

Wir haben Hunger und brauchen eine Mahlzeit.

Das rezept für nudelauflauf klingt gut.

Das Rezpt für Nudelauflauf klingt gut.

Ich übernehme den einkauf oder den abwasch.

Ich übernehme den Einkauf oder den Abwasch.

Jeder bekommt eine aufgabe.

Jeder bekommt eine Aufgabe.

Nomen mit Wortbausteinen

Nomen können die **Wortbausteine** heit, keit, ung, nis, schaft, ling oder tum am Ende haben.

Daran kann man sie als **Nomen** erkennen.

Beispiele:
Freiheit, Dankbarkeit, Rechnung, Zeugnis, Freundschaft, Zwilling, Reichtum

1. Bilde mit den Wörtern und den Wortbausteinen heit und keit Nomen.

klug – die Klugheit

schön – die Schönheit

schwierig – die Schwierigkeit

krank – die Krankheit

ewig – die Ewigkeit

gerecht – die Gerechtigkeit

heiter – die Heiterkeit

sicher – die Sicherheit

Nomen mit Wortbausteinen

2. Bilde mit den Wörtern und dem Wortbaustein ung Nomen. Schreibe sie mit Artikel auf.

einladen ◆ wohnen ◆ liefern ◆ lagern ◆ drehen ◆ erfahren ◆ bestimmen

die Einladung, die Wohnung, die Lieferung, die Lagerung, die Drehung, die Erfahrung, die Bestimmung

3. Finde Nomen mit den Wortbausteinen schaft und nis. Schreibe sie mit Artikel auf. **Individuelle Lösung, Beispiele:**

die Landschaft, das Zeugnis, die Mannschaft, das Erlebnis, die Meisterschaft, die Finsternis, die Freundschaft, das Ergebnis

Nomen als Oberbegriffe

Nomen können **Oberbegriffe** (Sammelnamen) für andere Nomen sein.

Beispiele:

Getränke: Tee, Wasser, Milch, Saft …

Instrumente: Gitarre, Geige, Klavier …

Gebäude: Haus, Villa, Schloss …

1. Finde die Oberbegriffe zu diesen Nomen-Sammlungen.

Rose ◆ Tulpe ◆ Nelke ◆ Veilchen ◆ Vergissmeinnicht ◆ Geranie …

Das sind Pflanzen/Blumen.

Auto ◆ Fahrrad ◆ Bus ◆ Roller ◆ Bahn ◆ Lastkraftwagen ◆ Zug …

Das sind Fahrzeuge.

Schokolade ◆ Weingummi ◆ Kuchen ◆ Lutscher ◆ Bonbons ◆ Kekse …

Das sind Süßigkeiten.

Nomen als Oberbegriffe

2. Finde den Oberbegriff zu diesen Bildern.

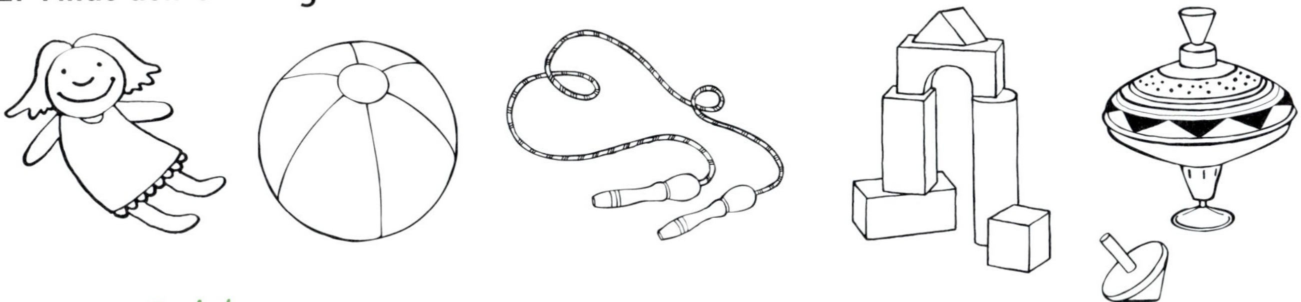

Das sind Spielzeuge.

3. Finde zum Oberbegriff *Tiere* passende Nomen. Schreibe sie mit Artikel auf.

individuelle Lösung, Beispiele:

Hund, Katze, Meerschweinchen, Schlange, Schildkröte, Delfin,

Pinguin, Elefant, Hai, Spinne …

Zusammengesetzte Nomen

Aus mehreren **Nomen** können zusammengesetzte Nomen gebildet werden.

Beispiel:
Müll + Tonne = Mülltonne

Manchmal muss für leichteres Sprechen ein **s** oder **n** eingeschoben werden.

Beispiele:
*Geburt**s**tag, Sonne**n**brille*

1. Schreibe die zusammengesetzten Nomen mit Artikel auf.

Brett + Spiel =

das Brettspiel

Tasche + Lampe =

die Taschenlampe

Essen + Reste =

die Essensreste

Abenteuer + Spiel + Platz =

der Abenteuerspielplatz

Zusammengesetzte Nomen

2. Schreibe die zusammengesetzten Nomen mit Artikel auf.

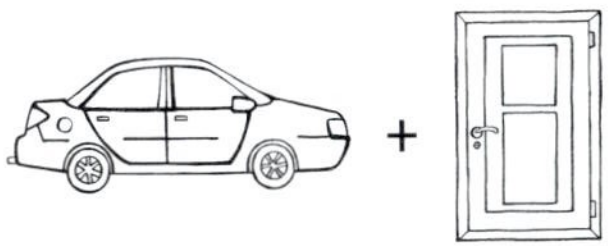

die Autotür

der Handschuh

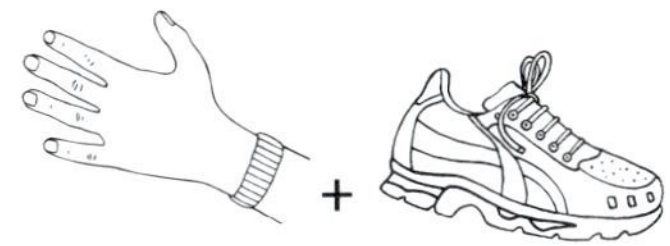

das Vogelhaus

der Sonnenschirm

3. Kreise die einzelnen Nomen im zusammengesetzten Nomen ein.

(Geister)(stunden)(schloss)(gespenster)(geschichten)(buch)(vorlesezeit)

4. Finde ein zusammengesetztes Nomen, das aus 5 Nomen besteht.

individuelle Lösung, Beispiel: Schuleingangstürschlüsselanhänger

Grund- und Bestimmungswort

Zusammengesetzte Nomen bestehen aus **Grundwort** und **Bestimmungswort**.
Das Bestimmungswort erklärt das Grundwort näher.
Das Grundwort bestimmt den Artikel des zusammengesetzten Nomens.

Beispiel: der Käse + das Brot = das Käsebrot

Brot = Grundwort

Käse = Bestimmungswort

1. Markiere immer das Grundwort rot. Schreibe den passenden Artikel dazu.

Vogel + Nest = das Vogelnest

Regen + Rinne = die Regenrinne

Haus + Eingang = der Hauseingang

Saft + Glas = das Saftglas

Fenster + Griff = der Fenstergriff

Haus + Tür = die Haustür

Tisch + Decke = die Tischdecke

Computer + Spiel = das Computerspiel

Grund- und Bestimmungswort

2. Aus welchen Wortarten bestehen die Zusammensetzungen? Markiere in unterschiedlichen Farben.

Nomen + Nomen	Nomen + Adjektiv	Verb + Nomen	Adjektiv + Adjektiv

feuerrot ◆ Linienbus ◆ hundemüde ◆ Laufrad ◆ Butterblume ◆ rabenschwarz ◆ Glückspilz ◆ Postbote ◆ Waschmaschine ◆ gelbgrün ◆ hellblau ◆ wasserblau ◆ Rennrad ◆ Eistorte ◆ dunkelrot ◆ Putzlappen ◆ watteweich ◆ knallhart

3. Untersuche die Wörter aus Aufgabe 2. Welche Aussage stimmt? Kreuze an.

☒ Bei zusammengesetzten Wörtern bestimmt das Grundwort (letztes Wort) die Wortart der Zusammensetzung.

☐ Bei zusammengesetzten Wörtern bestimmt das Bestimmungswort (erstes Wort) die Wortart der Zusammensetzung.

Artikel

Nomen werden häufig von **Artikeln** (Begleiter) begleitet.
Es gibt **bestimmte** und **unbestimmte** Artikel.
Die **bestimmten Artikel** sind:
der, die, das
Die **unbestimmten Artikel** sind:
ein, eine, ein
Am Artikel erkennt man das Geschlecht des Nomens.

1. Schreibe den bestimmten und den unbestimmten Artikel vor die Nomen.

die oder eine Ente

der oder ein Hund

das oder ein Haus

der oder ein Briefträger

die oder eine Haustür

die oder eine Landschaft

das oder ein Gedicht

der oder ein Montag

Artikel

2. Setze den bestimmten oder den unbestimmten Artikel richtig ein. Streiche weg.

~~der~~ ◆ ~~der~~ ◆ ~~der~~ ◆ ~~den~~ ◆ ~~den~~ ◆ ~~die~~ ◆ ~~die~~ ◆ ~~die~~ ◆ ~~die~~ ◆ ~~die~~ ◆ ~~die~~ ◆ ~~die~~ ◆ ~~die~~ ◆ ~~ein~~ ◆ ~~ein~~ ◆ ~~einer~~ ◆ ~~einen~~

Der Zoo hat viele neue Jungtiere bekommen. Deshalb will die Klasse 4b unbedingt einen Zoobesuch machen und sich die kleinen Tiere anschauen. Die Lehrerin hat den Ausflug organisiert. Sie fahren mit der Straßenbahn in den Zoo. Zuerst besuchen sie die Affen. Ein Affe ist noch ganz klein. Er spielt mit einer Banane. Auch die Tiger haben Nachwuchs: gleich 3 kleine Tiger! Der Tigervater bewacht die Familie sorgfältig. Ein Tigerbaby klettert auf seinen Rücken. Es gibt noch viele weitere Tiere zu bestaunen. Später wollen die Kinder die Zootiere im Kunstunterricht zeichnen.

Die Fälle kennen

Nomen und **Artikel** werden im Satz gebeugt (dekliniert).

Es gibt **4 Fälle**:
1. Fall: Nominativ – Wer oder was?
2. Fall: Genitiv – Wessen?
3. Fall: Dativ – Wem?
4. Fall: Akkusativ – Wen oder was?

Mithilfe der Fragen kann man den Fall herausfinden.

1. Finde die richtige Form des Nomens und des Artikels. Nutze die Fragen.

der Mann

1. Fall: Wer lacht?

Der Mann lacht.

2. Fall: Wessen Hut fliegt weg?

Der Hut des Mannes fliegt weg.

3. Fall: Wem gehört der Hut?

Der Hut gehört dem Mann.

4. Fall: Wen sehe ich?

Ich sehe den Mann.

Die Fälle kennen

2. Finde die richtige Form des Nomens und des Artikels. Nutze die Fragen.

	die Frau	**das Kind**
1. Fall: Wer lacht?	Die Frau lacht.	Das Kind lacht.
2. Fall: Wessen Hut fliegt weg?	Der Hut der Frau fliegt weg.	Der Hut des Kindes fliegt weg.
3. Fall: Wem gehört der Hut?	Der Hut gehört der Frau.	Der Hut gehört dem Kind.
4. Fall: Wen sehe ich?	Ich sehe die Frau.	Ich sehe das Kind.

Pronomen

Es gibt verschiedene **Pronomen**.
Die **Personalpronomen** stehen für eine Person und anstelle eines Nomens.
Sie heißen:
ich, du, er, sie, es, wir, ihr, sie

Die **Possessivpronomen** zeigen an, wem etwas gehört.
Sie heißen zum Beispiel:
mein, dein, sein, ihr, unser, euer …

1. Setze das richtige Personalpronomen für die unterstrichenen Personen ein.

<u>Michael</u> hat einen Stift verloren.

…Er… sucht ihn in der Schultasche.

<u>Jens und Timo</u> sind Freunde.

…Sie… treffen sich oft.

<u>Meine Freundin und ich</u> spielen Tennis.

…Wir… haben denselben Tennislehrer.

Mein Name ist <u>Fritz</u>. …Ich… bin 10 Jahre alt.

<u>Das Baby</u> schreit. …Es… hat wohl Hunger.

Pronomen

2. Setze das richtige Possessivpronomen ein. Streiche weg.

~~unser~~ ◆ ~~ihr~~ ◆ ~~sein~~ ◆ ~~eurem~~ ◆ ~~ihren~~ ◆ ~~ihrem~~ ◆ ~~unser~~ ◆ ~~meinem~~ ◆ ~~dein~~ ◆ ~~meiner~~ ◆ ~~deine~~

Jana hat einen Hund. *Sein* Name ist Tobbi. Heute spielt Jana mit *ihrem* Hund vor dem Haus Stöckchen holen. Da kommt Andre, *ihr* Nachbar, vorbei. „*Dein* Hund ist echt toll!“, sagt Andre. „Ich wünschte, ich könnte mit *meiner* Katze auch Stöckchen holen spielen.“ Jana lacht: „Dafür ist *deine* Katze viel zu faul. Ich sehe immer von *meinem* Fenster aus, wie sie den ganzen Tag in *eurem* Garten herumliegt.“ „Das stimmt“, seufzt Andre. „Aber *unser* Garten ist auch wirklich sehr gemütlich!“ Jana deutet auf sich und *ihren* Hund und sagt: „Tobbi und ich spielen ganz oft Stöckchen holen. Das ist *unser* Lieblingsspiel. Wenn du willst, kannst du gerne mitspielen!“

Verben

Verben (Tätigkeitswörter) sagen, was jemand tut oder was geschieht.
Beispiele: reden, sehen

Verben haben **verschiedene Formen**, je nachdem, wer etwas tut. Der Teil, der bei jeder Form gleich bleibt, heißt **Wortstamm**.

Einzahl	**Mehrzahl**
1. ich red e	1. wir red en
2. du red est	2. ihr red et
3. er, sie, es red et	3. sie red en

1. Schreibe das Verb *malen* in der richtigen Form auf.

1. ich male

2. du malst

3. er malt sie malt es malt

1. wir malen

2. ihr malt

3. sie malen

2. Markiere in allen Verbformen von Aufgabe 1 den Wortstamm. Beim Verb *malen* heißt er:

mal .

Verben

3. Fülle die Tabelle aus. Markiere dann die Wortstämme.

		gehen	arbeiten	holen	hören
Singular	1. ich	gehe	arbeite	hole	höre
	2. du	gehst	arbeitest	holst	hörst
	3. er, sie, es	geht	arbeitet	holt	hört
Plural	1. wir	gehen	arbeiten	holen	hören
	2. ihr	geht	arbeitet	holt	hört
	3. sie	gehen	arbeiten	holen	hören

Zeitformen von Verben

Verben haben verschiedene Zeitformen. Sie können im **Präsens** (Gegenwart), **Präteritum** (Vergangenheit), **Perfekt** (vollendete Gegenwart) oder **Futur** (Zukunft) stehen.

Sie verändern dabei die **Endungen** und auch den **Wortstamm**.

1. Markiere den Wortstamm der Verben mit einem Kasten und die Verb-Endung rot.

Präsens:	ich höre du hörst
Präteritum:	ich hörte du hörtest
Perfekt:	ich habe gehört du hast gehört
Futur:	ich werde hören du wirst hören

Zeitformen von Verben

2. Fülle die Tabelle für das Verb *gehen* aus.

		Präsens	Präteritum	Perfekt	Futur
Singular		ich gehe	ich ging	ich bin gegangen	ich werde gehen
		du gehst	du gingst	du bist gegangen	du wirst gehen
		er geht	er ging	er ist gegangen	er wird gehen
Plural		wir gehen	wir gingen	wir sind gegangen	wir werden gehen
		ihr geht	ihr gingt	ihr seid gegangen	ihr werdet gehen
		sie gehen	sie gingen	sie sind gegangen	sie werden gehen

Vorsilben von Verben

Verben können verschiedene **Vorsilben** haben.
Beispiele: *ab*, *an*, *aus*, *ein*, *be*, *vor*, *ver* ....

Die **Vorsilben** verändern die Bedeutung der Verben. Im Satz trennen sich einige Vorsilben vom Verb.
Beispiel: abtrocknen
Ich trockne das Geschirr ab.

individuelle Lösung, Beispiele:

1. Suche zu jeder Vorsilbe mindestens ein Verb.

ab – abfahren

auf – aufholen

an – angeben

ein – einsehen

aus – ausgehen

be – beraten

ver – verhalten

vor – vorführen

Vorsilben von Verben

2. Welche Vorsilbe passt? Markiere und setze ein.

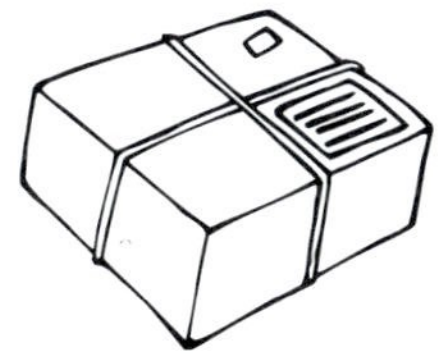

Jonas will bei der Post ein Paket ...ver... senden.	an	**ver**	vor
Tom will nach dem Essen das Geschirr ...ab... waschen.	**ab**	vor	ein
Ich werde mich heute bei den neuen Nachbarn ...vor... stellen.	be	aus	**vor**
Du kannst doch nicht dafür dein ganzes Geld ...aus... geben!	an	be	**aus**
Zum Geburtstag hat Laura ein tolles Spiel ...be... kommen.	vor	an	**be**
Ich bin mir sicher, du lässt dir etwas Schlaues ...ein... fallen.	**ein**	ab	ver
Im Winter kann ich endlich meinen neuen Mantel ...an... ziehen.	**an**	ab	vor
Beim Schulfest wird die ganze Klasse ein Theaterstück ...auf... führen.	aus	**auf**	an
Jenny möchte sich einen Film im Fernsehen ...an... sehen.	**an**	vor	ein

Nominalisierung von Verben

Verben können zu Nomen (nominalisiert) werden, wenn ein Artikel davorgesetzt wird.
Beispiel: lesen – Das Lesen fällt mir leicht.

Der Artikel kann sich in Wörtern wie *beim (bei dem), vom (von dem)* oder *zum (zu dem)* verstecken.
Beispiel:
Zum Lesen gehe ich …
Beim Lesen bin ich …

1. Markiere in den Sätzen die nominalisierten Verben.

Lina geht zum Spielen nach draußen.

Das Schreiben fällt Alex schwer.

Rhedan braucht zum Lesen eine Brille.

Oma liebt das Stricken.

Beim Kochen will Papa seine Ruhe.

Vom Laufen ist Tom verschwitzt.

Mama singt beim Duschen.

Vom Betreten der Eisfläche wird abgeraten.

Lars geht mittwochs zum Schwimmen.

Ayla ist gut im Rechnen.

Vor dem Schlafen putzt Kim die Zähne.

Nominalisierung von Verben

2. Verb oder Nomen? Setze die Wörter richtig ein.

fliegen

Das Fliegen ist meine große Leidenschaft.

Wir wollen diesen Sommer nach Mallorca fliegen.

Manchmal wird mir beim Fliegen übel.

Vom Fliegen werde ich meistens müde.

arbeiten

Beim Arbeiten im Garten braucht man Handschuhe.

Am Wochenende wollen wir im Garten arbeiten.

Papa kommt heute früh vom Arbeiten nach Hause.

Zum Arbeiten bin ich heute nicht gekommen.

Adjektive

Adjektive (Wiewörter) beschreiben, **wie** etwas ist.
Beispiele: lang, schön, dick

Mit Adjektiven kann man etwas **vergleichen**.
Beispiele: so schön wie …
länger als …

Adjektive kann man **steigern**.
Beispiel: dick (Grundform), *dicker* (1. Vergleichsstufe), *am dicksten* (2. Vergleichsstufe)

individuelle Lösung, Beispiele:

1. Sammele mindestens 10 Adjektive. Schreibe sie auf.

alt, schnell, hoch, schlau, witzig,

groß, süß, laut, kalt, komisch,

hell

Adjektive

2. Steigere die Adjektive.

Grundform	1. Vergleichsstufe	2. Vergleichsstufe
groß	größer	am größten
alt	älter	am ältesten
früh	früher	am frühsten
viel	mehr	am meisten
gut	besser	am besten

Adjektive mit Wortbausteinen

Adjektive (Wiewörter) können die **Wortbausteine** ig, lich, isch, bar, sam oder los am Ende haben.
Beispiele: windig, herrlich, regnerisch, essbar, achtsam, reglos

Daran kann man sie als **Adjektive** erkennen.

1. Welcher Wortbaustein fehlt? Ergänze.

Manchmal passen auch mehrere Wortbausteine.

wirk lich, sam	stürm isch
schmerz lich, los	lust ig, los
hilf los	fröh lich
sonn ig	wasch bar
denk bar	herz lich, los
freund lich	ärger lich
närr isch	bieg bar, sam

Adjektive mit Wortbausteinen

2. Markiere alle Adjektive im Text grün.
Tipp: Es sind 24 Adjektive.

An einem sonnigen Herbsttag machte die große Klasse 4c einen schönen Ausflug zur alten Burgruine. Die Kinder durften das weitläufige Gelände erkunden. Kevin und Tim entdeckten eine verrostete Falltür. Vorsichtig öffneten sie die Tür. Dahinter lagen eine Treppe und ein dunkler Gang, in dem es modrig roch. Leise stiegen sie die glitschigen Stufen der alten Treppe hinunter. Tim berührte die feuchten Wände. Er konnte Kevin hinter sich geräuschvoll atmen hören. Plötzlich stieß er mit dem Fuß an ein Hindernis. Tim bückte sich und fühlte einen runden Gegenstand. Er erschrak und schrie laut auf. Kevin hinter ihm fing auch an, zu schreien. Schnell liefen beide zur Treppe zurück. „Ich habe doch eine Taschenlampe", fiel da Kevin ein. Mit der Lampe gingen sie mutig zurück in den dunklen Gang. Im Lichtstrahl konnten sie den runden Gegenstand erkennen. Es war ein alter Ball. „Und ich dachte, es wäre ein Schädel", gestand Tim kleinlaut. Da mussten sie beide laut lachen.

Nominalisierung von Adjektiven

Adjektive können zu Nomen (nominalisiert) werden, wenn ein **Artikel** davorgesetzt wird.
Beispiel: Ich wünsche dir das Beste.

Nach den Wörtern **alles**, **nichts**, **viel**, **etwas** werden Adjektive auch zu Nomen und **großgeschrieben**.
Beispiel: alles Gute, nichts Neues …

1. Markiere in den Sätzen die nominalisierten Adjektive blau.

- Ich wünsche dir alles Gute.
- Im Fernsehen gab es nichts Neues.
- Das Größte wäre für mich ein neues Fahrrad.
- Der Kleinste kam zuerst dran.
- Du bekommst etwas Schönes zum Geburtstag.
- Wir haben nichts Neues erfahren.
- Das Beste kommt oft zum Schluss.
- Es gab nichts Lustiges zu sehen.
- Mach dich auf das Schlimmste gefasst.
- Im Unterricht lernen wir viel Interessantes.

Nominalisierung von Adjektiven

2. Adjektiv oder Nomen? Setze die Wörter in der richtigen Form ein.

neu

Zum Geburtstag bekomme ich ein neues Fahrrad.

Im Internet erfährt man viel Neues.

Das Neue von heute ist das Alte von morgen.

Mama kauft sich neue Schuhe.

albern

Luis macht einen albernen Witz.

Ich möchte nichts Albernes hören.

Sei nicht so albern!

Alles Alberne geht mir auf die Nerven.

Satzarten und Satzschlusszeichen

Hinter dem **Aussagesatz** steht ein **Punkt**.
Beispiel: Ich komme heute.

Hinter dem **Fragesatz** steht ein **Fragezeichen**.
Beispiel: Kommst du heute?

Hinter dem **Ausrufesatz oder Befehlssatz** steht ein **Ausrufezeichen**.
Beispiel: Komm jetzt!

1. Setze das richtige Satzschlusszeichen.

Hör auf damit !

Kannst du mir bitte helfen ?

Ich komme heute um 15.00 Uhr .

Halt, da ist gesperrt !

Wo gehst du hin ?

Möchtest du etwas trinken ?

Ich habe morgen einen Temin .

Lass los !

Satzarten und Satzschlusszeichen

2. Lies das Telefongespräch. Setze die passenden Satzschlusszeichen ein.

Meyer, hallo ...?....

Hallo, Papa, hier ist Nadine ...!....

Ist etwas passiert ...?....

Nein, nein, darf ich heute nach der Schule direkt mit zu Natalie gehen ...?....

Warum fragst du das ...?....

Wir wollen gemeinsam ein Referat für den Sachunterricht vorbereiten ....

Ja gut, sag mir Bescheid, wenn ihr fertig seid, dann hole ich dich ab ....

Konjunktionen

Mit **Konjunktionen** (Bindewörtern) kann man Sätze verbinden. Konjunktionen sind: **denn, wenn, aber, als, dass, nachdem, weil, da, obwohl, während ...**

Vor der Konjunktion steht ein **Komma**.

Beispiel:
Ich rufe Mama an. Sie kommt nicht.
Ich rufe Mama an, ***weil*** *sie nicht kommt.*
Ich rufe Mama an, ***denn*** *sie kommt nicht.*
Achte auf die **Satzstellung**!

1. Verbinde die beiden Sätze nacheinander mit den Konjunktionen denn, da, weil, wenn.

Ich koche Nudeln. Ich habe Hunger.

Ich koche Nudeln, denn ich habe Hunger. Ich koche Nudeln, da ich Hunger habe. Ich koche Nudeln, weil ich Hunger habe. Ich koche Nudeln, wenn ich Hunger habe.

Konjunktionen

2. Setze eine passende Konjunktion aus der Liste ein. Setze auch das Komma.

obwohl ◆ dass ◆ da ◆ weil ◆ als ◆ obwohl ◆ denn ◆ weil ◆ aber ◆ weil

Nils geht einkaufen, weil/da Mama noch Backzutaten braucht. Mama will Muffins backen, denn Oma und Opa kommen zu Besuch. Nils beeilt sich, obwohl er eigentlich genug Zeit hat. Er möchte unbedingt beim Backen helfen, weil/da er den Teig so gerne aus der Schüssel schleckt. Mama deckt noch den Tisch, als Oma und Opa klingeln. Sie haben für Nils ein Geschenk mitgebracht, obwohl Nils gerade erst etwas zum Geburtstag bekommen hat. Mama schimpft ein wenig, weil/da sie findet, dass Nils zu sehr verwöhnt wird. Mama hört auf, zu schimpfen, weil/da Opa für sie Blumen mitgebracht hat. Lachend sagt sie: „Ihr verwöhnt mich auch, aber ich freue mich trotzdem."

Wörtliche Rede

Zum Aufschreiben von Gesprächen nutzt man die **wörtliche Rede**.
Das Gesprochene steht dabei zwischen **Anführungszeichen**.
Im **Redebegleitsatz** steht, wer wie spricht. Er kann **vorangestellt**, **eingeschoben** oder **nachgestellt** sein.
Hiervon hängt dann auch die **Zeichensetzung** ab.
Du kannst sie dir mithilfe dieser Beispiele merken.

Beispiele:
Erik sagt: „Ja, ich helfe dir."
„Ja, ich helfe dir", sagt Erik.
„Ja", sagt Erik, „ich helfe dir."

1. Unterstreiche im Gespräch die wörtliche Rede rot und den Redebegleitsatz blau.

Lia fragt: „Kannst du mir bei dieser Aufgabe helfen?"

„Ja, ich helfe dir", antwortet Erik.

„Ich habe nicht verstanden", sagt Lia, „welcher Satz der Redebegleitsatz ist."

Erik lacht: „Das ist ganz einfach."

Lia meint: „Das findest du."

„Wenn ich es dir erklärt habe, wirst du es auch ganz einfach finden", sagt Erik.

Wörtliche Rede

2. Markiere in Aufgabe 1 die Zeichen der wörtlichen Rede (Anführungszeichen, Doppelpunkt, Komma) grün.

3. Setze die fehlenden Zeichen der wörtlichen Rede (Anführungszeichen, Doppelpunkt, Komma) ein. Unterstreiche wörtliche Rede und Redebegleitsatz wie in Aufgabe 1.

Frau Reul erklärt: „Die wörtliche Rede besteht immer aus 2 Teilen." Die Klasse nickt.

„Könnt ihr mir sagen, wie die beiden Teile heißen?", fragt Frau Reul nach.

„Der eine Teil", weiß Leonie, „ist das, was gesprochen wird."

Tim ergänzt: „Ja, und im Redebegleitsatz steht, wer spricht."

„Allerdings muss man auch die Anführungszeichen, Doppelpunkte und das Komma beachten", fügt Frau Reul hinzu.

„Ja", meint Yusuf, „das ist nicht ganz einfach."

Ömer ruft in die Klasse: „Am besten schreibt man gar keine Gespräche auf!"

Das finden alle witzig.

Satzglieder: Subjekt und Prädikat

Ein Satz besteht mindestens aus **Subjekt** und **Prädikat**.
Beispiel: Das Baby schreit.

Das **Subjekt** findet man über die Frage **„Wer/was tut etwas?“**

Beispiel: Wer schreit? – das Baby

Das **Prädikat** findet man über die Frage **„Was tut das Subjekt?“** heraus.

Beispiel: Was tut das Baby? – (es) schreit

1. Stelle dir die Fragen aus dem Merkkasten und markiere das Subjekt blau und das Prädikat rot.

Die Oma strickt.

Die Sonne scheint.

Es regnet.

Lisa und Timo malen.

Die Geschwister streiten.

Ich arbeite.

Wir essen.

Einige Kinder fehlen.

Satzglieder: Subjekt und Prädikat

**2. Bestimme in den Sätzen Subjekt und Prädikat. Markiere wie in Aufgabe 1.
Achtung: In allen Sätzen besteht das Prädikat aus 2 Teilen!**

Mama geht heute einkaufen. Timo schreibt etwas auf.

Tom und Lea haben heute viele neue englische Vokabeln gelernt.

Am Samstag wollen meine Freunde und ich am See zelten.

Emil ist gestern zum ersten Mal vom Dreimeterbrett gesprungen.

Oma möchte im Garten Tomaten anpflanzen.

Opa hat ihr dafür ein Hochbeet aufgebaut.

Unserer Nachbarin läuft andauernd der Hund weg.

Plötzlich kam Saida zur Tür herein.

Satzglieder: Orts- und Zeitangabe

Ein Satz kann durch **Ortsangabe** und/oder **Zeitangabe** erweitert sein.
Beispiel: Das Baby schreit mittags im Bett.

Die **Ortsangabe** findet man über die Fragen **„Wo?", „Woher?", „Wohin?".**
Beispiel: Wo schreit das Baby? – im Bett

Die **Zeitangabe** findet man über die Fragen **„Wann?", „Seit wann?", „Wie lange?".**
Beispiel: Wann schreit das Baby? – mittags

1. Markiere die Ortsangabe gelb und die Zeitangabe grün. Stelle dir dazu die passenden Fragen aus dem Merkkasten.

Im Garten steht ein Apfelbaum.

Wir sind seit 15.00 Uhr unterwegs.

Ich komme aus der Schule.

Es brennt im Wald.

Heute kommen Opa und Oma.

Sie bleiben eine Woche.

Ich gehe zur Schule.

Wir treffen uns morgen am Spielplatz.

Satzglieder: Orts- und Zeitangabe

2. Bestimme und unterstreiche in den Sätzen Subjekt (blau), Prädikat (rot), Ortsangabe (gelb) und Zeitangabe (grün).

Montags gehe ich in die Volkshochschule.

Gestern ist mein Bruder auf dem Sofa eingeschlafen.

Seit einer Stunde sitzen wir im Wartezimmer.

Alexander hat heute Nacht 9 Stunden geschlafen.

Oma und Opa kaufen jede Woche auf dem Markt ein.

Ich helfe mittwochs 2 Stunden in der Schülerbibliothek.

Im Sommer fliegen in unserem Garten viele Schmetterlinge.

Mein Lieblingstee kommt aus China.

Satzglieder: Dativ- und Akkusativobjekt

Ein Satz kann durch ein **Dativ**- und/oder ein **Akkusativobjekt** erweitert sein.
Beispiel: Ich gebe dem Baby die Flasche.

Das **Dativobjekt** findet man über die Frage **„Wem?"**.
Beispiel: Wem gebe ich die Flasche?
– dem Baby

Das **Akkusativobjekt** findet man über die Frage **„Wen/was?"**.
Beispiel: Was gebe ich dem Baby?
– die Flasche

1. Markiere das Dativobjekt orange und das Akkusativobjekt lila. Stelle dir dazu die passenden Fragen.

Ich sehe den Hund.

Ich gebe dem Hund das Futter.

Ich streichele die Katze.

Ich hole meine Schwester ab.

Ich gebe der Katze Wasser.

Ich gebe dir ein Geschenk.

Mama kauft Brot.

Wir hören der Lehrerin zu.

Satzglieder: Dativ- und Akkusativobjekt

2. Bestimme und unterstreiche alle Satzglieder:
Subjekt (blau), Prädikat (rot), Ortsangabe (gelb) und Zeitangabe (grün), Dativobjekt (orange) und Akkusativobjekt (lila).

In der Schule bearbeiten wir seit einer Woche das Thema „Tiere im Wald". Jeder soll sein Lieblingstier auswählen. Wir haben 4 Stunden Arbeitszeit. Danach sollen wir ein Referat halten. Ich habe das Eichhörnchen ausgewählt. In der letzten Stunde habe ich ein niedliches Eichhörnchen gemalt. Heute klebe ich es auf mein Plakat. Ich musste Lea meinen Klebestift ausleihen. Sie hat mir ihre Schere geliehen. Im Flur wollen Lea und ich in der 4. Stunde unsere Vorträge üben. Lea hat das Reh ausgewählt. Sie hat ein Geweih mitgebracht. Das will sie den anderen Kindern beim Vortrag zeigen. Ich zeige den Zuschauern morgen ein Stoffeichhörnchen.

Herzlichen Glückwunsch! Du bist jetzt fit im Bereich ***Sprache untersuchen****!*
Klebe den passenden Sticker auf der letzten Seite ein.

Groß- und Kleinschreibung

Im Deutschen werden alle **Nomen**, die **Satzanfänge**, die **nominalisierten Verben** und die **nominalisierten Adjektive** großgeschrieben.

Beispiele:
Der Mann lächelt.
Ich mag das Tanzen besonders gern.
Das Schönste am Tag war der Ausflug ins Schwimmbad.

1. Lies den Fehler-Text. Markiere die Wörter, die großgeschrieben werden müssen, rot.

ich bin ein sicherer rechtschreiber. beim schreiben mache ich kaum fehler. das liegt daran, dass ich alle nomen und satzanfänge gut erkenne. außer-dem weiß ich, dass wörter wie alles, nichts oder viel ein adjektiv zu einem nomen machen. es gibt also bei der großschreibung für mich nichts neues. auch bei verben kenne ich mich aus. wenn ein artikel vor dem verb steht, wird es zu einem nomen. das schreiben ist also gar nicht schwierig. der artikel kann auch in den wörtern beim, vom und zum versteckt sein.

Groß- und Kleinschreibung

2. Schreibe den Text von Aufgabe 1 ab. Achte darauf, Nomen, Satzanfänge, nominalisierte Verben und Adjektive großzuschreiben.

Ich bin ein sicherer Rechtschreiber. Beim Schreiben mache ich kaum Fehler. Das liegt daran, dass ich alle Nomen und Satzanfänge gut erkenne. Außerdem weiß ich, dass Wörter wie alles, nichts oder viel ein Adjektiv zu einem Nomen machen. Es gibt also bei der Großschreibung für mich nichts Neues. Auch bei Verben kenne ich mich aus. Wenn ein Artikel vor dem Verb steht, wird es zu einem Nomen. Das Schreiben ist also gar nicht schwierig. Der Artikel kann auch in den Wörtern beim, vom und zum versteckt sein.

Auslautverhärtung

Bei vielen Wörtern hörst du am Ende ein **t**, **k**, **p** oder **z**. Sie werden aber mit **d**, **g**, **b** oder **s** geschrieben.

Du kannst den Schlusslaut oder **Auslaut hörbar machen**, wenn du das Wort an dieser Stelle **verlängerst**. Bei Verben musst du die **Grundform/wir-Form** finden.

Beispiele:
*ein Hund – viele Hun**d**e*
*ein Tag – viele Ta**g**e*
*sie hob – he**b**en/wir ho**b**en*

1. Finde eine Verlängerung.
Streiche den falschen Buchstaben durch.

eine Han~~t~~/d — viele Hände

eine Braut/~~d~~ — viele Bräute

ein Ber~~k~~/g — viele Berge

ein Urlau~~p~~/b — viele Urlaube

eine Bur~~k~~/g — viele Burgen

ein Kor~~p~~/b — viele Körbe

ein Hal~~z~~/s — viele Hälse

ein Tanz/~~s~~ — viele Tänze

Auslautverhärtung

**2. Finde auch hier eine Verlängerung mit passendem Nomen.
Streiche den falschen Buchstaben durch.** **individuelle Lösung, Beispiele:**

run~~t~~/d – der runde Ball

gel~~p~~/b – die gelbe Blume

alt/~~d~~ – das alte Buch

stark/~~g~~ – die starke Frau

gesun~~t~~/d – das gesunde Gemüse

lie~~p~~/b – der liebe Hund

**3. Finde die Grundform oder die wir-Form der Verben.
Streiche den falschen Buchstaben durch.**

er lo~~k~~/g – lügen

er ga~~p~~/b – geben

er rät/~~d~~ – raten

er bat/~~d~~ – bieten

er la~~k~~/g – liegen

er riet/~~d~~ – raten

Inlautverhärtung

Bei vielen Wörtern hörst du im Wort ein **t**, **k**, **p** oder **z**. Sie werden aber mit **d**, **g**, **b** oder **s** geschrieben.

Du kannst den **Inlaut hörbar machen**, wenn du das Wort an dieser Stelle **verlängerst**. Zusammensetzungen musst du dabei zuerst **trennen**.

Beispiele:
*er klebt – kle**b**en*
*Bergwerk – Ber**g**e, Wer**k**e*

1. Finde die Grundform der Verben. Streiche den falschen Buchstaben durch.

er lop/bt – loben

sie lek/gt – legen

es lep/bt – leben

er hup/bt – hupen

er siek/gt – siegen

sie wiek/gt – wiegen

es liek/gt – liegen

es trap/bt – traben

Inlautverhärtung

2. Trenne die Zusammensetzungen. Finde für den ersten Wortteil eine Verlängerung. Streiche den falschen Buchstaben durch.

Hant/dtuch – Hände, Tuch

Kalp/bfleisch – Kälber, Fleisch

Schrank/gtür – Schränke, Tür

Fluk/gplatz – Flüge, Platz

Schup/bkarre – Schübe, Karre

Tak/gtraum – Tage, Traum

2. Trenne die Zusammensetzungen. Finde für beide Wortteile eine Verlängerung. Streiche die falschen Buchstaben durch.

Bank/graup/b – Bänke, rauben/Räuber

Fluk/gzeuk/g – Flüge, Zeuge

Halz/sbant/d – Hälse, Bänder

Want/dschrank/g – Wände, Schränke

Rat/dschlak/g – raten/Räder (beide Lösungen möglich), schlagen

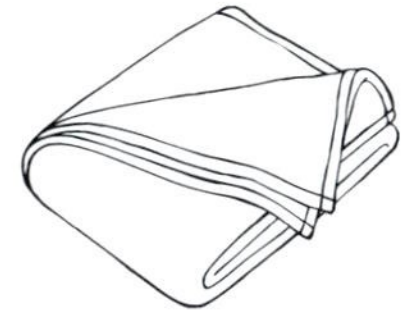

Lange und kurze Vokale

Die **Vokale** (Selbstlaute) **a**, **e**, **i**, **o**, **u** können **lang oder kurz gesprochen** werden.
Um herauszufinden, ob der Vokal lang oder kurz ist, spricht man sich das Wort am besten in **Silben** vor. Endet die Silbe auf einem Vokal, ist dieser meist lang.
*Beispiel: S**o**-f**a***

Endet die Silbe auf einem Konsonanten, ist der Vokal meist kurz. *Beispiel: So**n**-ne*

Zeichen für den kurzen Vokal sind: die Doppelkonsonanten, **tz** und **ck**.

Zeichen für den langen Vokal sind: **h**, **ie** und die Doppelvokale **aa**, **ee**, **oo**.

1. Markiere kurze Selbstlaute mit einem Punkt, lange Selbstlaute mit einem Strich.

Hafen	Affe	Kleber	Bälle
Fahne	Dackel	Licht	Sonne
Hund	Mais	Möwe	Milch
Biene	Besen	Schule	Knall
Stuhl	Katze	Koffer	Schiff
Hüte	Säge	Nuss	Fisch
Kralle	Huhn	Deckel	Sahne
Wippe	Laden	Platz	Kahn

Lange und kurze Vokale

2. Setze richtig ein: ss nach kurzem Vokal, s nach langem Vokal.

Va**s**e ◆ Ka**ss**e ◆ Lo**s**e ◆ Schü**ss**el ◆ Na**s**e ◆ Nü**ss**e ◆ Ho**s**e

3. Setze richtig ein: nn nach kurzem Vokal, n nach langem Vokal.

Tu**nn**el ◆ Zah**n** ◆ Ma**nn** ◆ Bru**nn**en ◆ Büh**n**e ◆ Mah**n**ung

4. Setze richtig ein: tt nach kurzem Vokal, t nach langem Vokal.

Va**t**er ◆ Ve**tt**er ◆ ra**t**en ◆ Ra**tt**e ◆ fe**tt** ◆ Fu**tt**er ◆ Bo**t**e

5. Setze richtig ein: ck nach kurzem Vokal, k nach langem Vokal.

De**ck**el ◆ Kra**k**e ◆ Ja**ck**e ◆ Kü**k**en ◆ me**ck**ern ◆ hä**k**eln ◆ Ha**ck/k**en ◆ Ma**k**el ◆ Lü**ck**e ◆ le**ck**er ◆ ba**ck**en ◆ La**k**en

i, ie, ieh und ih

Wörter, die mit einem **kurzen Vokal „i"** gesprochen werden, werden meist **mit i geschrieben**.
Beispiele: Kind, Schiff, sitzen

Wörter, die mit einem **langen Vokal „i"** gesprochen werden, werden meist **mit ie geschrieben**.
Beispiele: Biene, Wiese, fliegen, lieb

Wörter mit **ieh** und **ih sind Merkwörter**.
Beispiele: ihn, ihr, ziehen, Vieh

Es gibt auch **Merkwörter** mit langem **Vokal i**.
Beispiele: Tiger, Delfin, Biber, Mandarine

1. Setze richtig ein: i bei kurzem Vokal, ie bei langem Vokal.

fl…ie…ßen	fr…ie…ren	fl…i…tzen
R…ie…se	B…i…ss	K…i…ssen
sch…ie…ßen	Bl…i…ck	r…ie…chen
s…i…tzen	W…i…tz	St…i…ch
bl…i…tzen	Tr…i…ck	Z…ie…ge
schw…i…tzen	L…i…cht	sch…i…ck
R…i…ff	Begr…i…ff	S…ie…ger
T…i…sch	F…i…sch	Fl…ie…ge

i, ie, ieh und ih

2. Markiere *ieh* in allen Wörtern. Die Wörter stammen alle aus der gleichen Wortfamilie. Merke dir ein Familienmitglied.

ziehen ◆ Ziehbrunnen ◆ es zieht ◆ Ziehharmonika ◆ anziehen

3. Markiere *ih* in allen Wörtern. Merke dir diese Wörter.

ihn ◆ ihm ◆ ihr ◆ ihre ◆ ihnen ◆ ihrer ◆ ihres

4. Markiere *i* in allen Wörtern. Merke dir diese Wörter.

Tiger ◆ Biber ◆ Delfin ◆ Familie ◆ Benzin ◆ Vampir ◆ Mandarine ◆ Igel

5. Finde weitere Wörter mit den Endungen *-ine* oder *-in*.

individuelle Lösung, Beispiele: Apfelsine, Vitamin, Maschine, Medizin, Kantine, Termin

Doppelkonsonanten, tz und ck

Nach einem **kurzen Vokal** stehen mindestens **2 Konsonanten** (Mitlaute). Die **Konsonanten** können **verschieden** oder auch **gleich** sein.
Beispiele: Kind, Blitz, Glück, Ball, Schiff

Im Deutschen gibt es jedoch kein zz, darum schreibt man **tz**.

Es gibt auch kein kk, darum schreibt man **ck**.

ck und **tz** stehen **nach kurzem Vokal**.

individuelle Lösung, Beispiele:

1. Finde zu jedem Buchstaben Wörter mit Doppelkonsonant.

ss: Klasse, Tasse

ll: Halle, Schall

ff: Giraffe, schaffen

pp: Stopp, Lappen

nn: Wanne, können

mm: Zimmer, schlimm

tt: Bett, wetten

rr: Herr, wirr

Doppelkonsonanten, tz und ck

2. Finde die Reimwörter mit Doppelkonsonant.

Butter	Tanne	Schiff	Bett	Ball
F utter	W anne	Gr iff	F ett	Kn all
K utter	K anne	R iff	Br ett	Sch all
M utter	Pf anne	Pf iff	n ett	F all

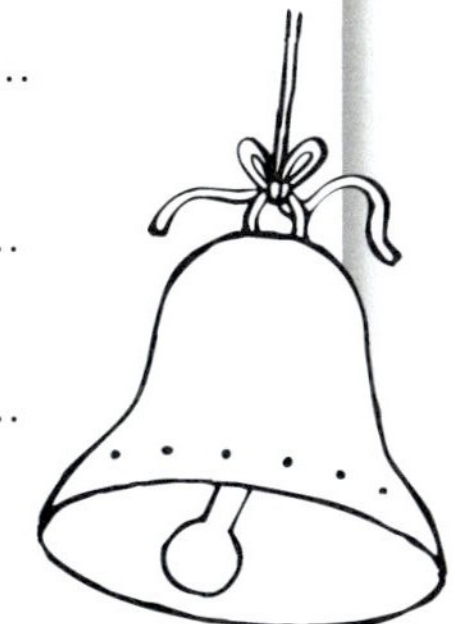

3. Finde weitere Wörter mit ck und tz. **individuelle Lösung, Beispiele:**

ck: Glocke, Socken, Block, Nacken, Glück

tz: Katze, Spatz, Witz, Blitz, spitz, setzen

Silbeninitiales h

In vielen Wörtern kann man das **h hörbar machen**, indem man das einsilbige Wort zu einem 2-silbigen Wort verlängert.
Beispiele: dreht – drehen, Schuh – Schuhe, roh – rohe

Das **h** steht dann **zu Beginn der 2. Wortsilbe**.
*Beispiele: dre-**h**en, Schu-**h**e, ro-**h**e*

Diese Wörter mit h muss man sich nicht merken!

1. Finde eine Verlängerung. Mache das h hörbar.

Re**h** – Rehe

Ku**h** – Kühe

es blü**h**t – blühen

er dro**h**t – drohen

er ru**h**t – ruhen, Ruhe

sie ste**h**t – stehen

er sie**h**t – sehen

sie mü**h**t sich – mühen, Mühe

Silbeninitiales h

2. Finde eine Verlängerung. Mache das h hörbar.

fro**h** – froher .... na**h** – näher, nahe .... frü**h** – früher ....

Glü**h**birne – glühen ....

Dre**h**moment – drehen ....

Zie**h**brunnen – ziehen ....

Mä**h**maschine – mähen ....

Se**h**kraft – sehen ....

Schu**h**spanner – Schuhe ....

Ge**h**steig - gehen ....

Frü**h**blü**h**zeit – früher, blühen ....

Dehnungs-h

In vielen Wörtern gibt es ein **Dehnungs-h**. Man kann es nicht hörbar machen. Alle Wörter sind darum **Merkwörter**.
Beispiele: fehlen, stehlen, Sohn

Man kann die **Wortfamilie** zum Merken nutzen, denn es gilt: **Einmal h, immer h**. Wenn man sich ein Mitglied der Wortfamilie gemerkt hat, kann man auch alle anderen richtig schreiben.

1. Markiere die Wörter jeder Wortfamilie in einer Farbe.

Diebstahl stehlen mehr Wohnung
mehrmals Mehrwegflasche
Fehler Fehlerteufel bewohnbar
wohnen fehlen bestehlen
fehlerlos unfehlbar mehrfach
wohnlich fehlt stiehlt wohnt
Wohnwagen gestohlen ungewohnt
unbewohnt verfehlt verstohlen
vermehren Fehlinformation

Dehnungs-h

2. Finde Mitglieder der Wortfamilie *fahren*. Denke auch an Verben und Adjektive.

individuelle Lösung, Beispiele: Fahrzeug, Fahrbahn, Busfahrer, befahren, auffahren, verfahren, befahrbar

3. Finde Mitglieder der Wortfamilie *zahlen*. Denke auch an Verben und Adjektive.

individuelle Lösung, Beispiele: Zahl, Zahlung, Mehrzahl, Aufzählung, bezahlen, bezahlbar

4. Finde Mitglieder der Wortfamilie *fühlen*. Denke auch an Verben und Adjektive.

individuelle Lösung, Beispiele: Gefühl, Fühler, anfühlen, vorfühlen, fühlbar, gefühlt

Verwandte Wörter

Ob ein Wort mit ä oder e, äu oder eu geschrieben wird, kann man durch **verwandte Wörter** feststellen.

ä oder e: Man sucht ein verwandtes Wort mit **a**. Gibt es ein verwandtes Wort, wird ein **ä** geschrieben.
Beispiele: ***Ä**rmel – **A**rm, Bl**ä**tter – Bl**a**tt*

äu oder eu: Man sucht ein verwandtes Wort mit **au**. Gibt es ein verwandtes Wort, wird ein **äu** geschrieben.
Beispiele: ***Äu**glein – **Au**ge, bl**äu**lich – bl**au***

1. Finde ein verwandtes Wort mit a oder au.

Säugling – saugen

Gebäude – bauen/Bau

Bäckerei – backen

schälen – Schale

Geräusch – rauschen

betätigen – Tat

Verräter – Verrat/Rat/(ver)raten

einschäumen – Schaum

vordrängeln – Drang

Verwandte Wörter

2. Entscheide: ä/Ä oder e/E? Tipp: Überprüfe, ob es ein verwandtes Wort mit a gibt.

gel.....ä.....hmt ◆ z.....ä.....hlen ◆ K.....e.....rze ◆ K.....e.....ks ◆ .....Ä.....lter ◆ t.....ä.....glich ◆ .....E.....rde ◆

kl.....ä.....glich ◆ .....e.....rnten ◆ Z.....ä.....hne ◆ F.....ä.....hre ◆ schn.....e.....ll ◆ erkl.....ä.....ren ◆ r.....e.....den

3. Entscheide: äu oder eu? Tipp: Überprüfe, ob es ein verwandtes Wort mit au gibt.

tr.....äu.....men ◆ h.....eu.....len ◆ B.....äu.....me ◆ L.....eu.....te ◆ h.....eu.....te ◆ br.....äu.....nen ◆ H.....eu..... ◆

B.....äu.....chlein ◆ H.....äu.....ser ◆ Z.....äu.....ne ◆ fr.....eu.....en ◆ F.....eu.....er ◆ L.....eu.....chtturm

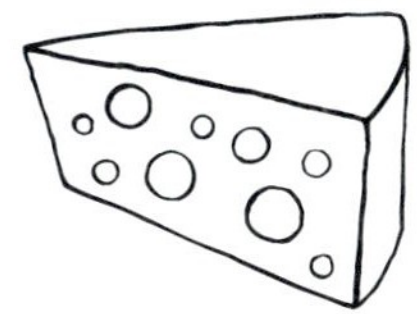

4. Zu einigen Wörtern mit ä findet man kein verwandtes Wort. Diese Wörter muss man sich gut merken. Markiere das ä in den Merkwörtern rot.

Schädel ◆ Käse ◆ Bär ◆ Mädchen ◆ Käfig ◆ Lärm ◆ Kapitän ◆ spät ◆

Träne ◆ Säge ◆ März ◆ ungefähr ◆ Käfer ◆ während

s-Laute

Wir unterscheiden 3 s-Laute: **s**, **ss**, **ß**. Das **s** wird meistens gesummt.
*Beispiel: Na**s**e*

Das **ß** wird meistens gezischt.
Beispiele: Füße, Straße

Das **ss** steht nach kurzem Vokal.
Alle Vokale vor s und ß sind im 2-silbigen Wort lang.

Einsilbige Wörter mit s-Laut muss man verlängern, um den richtigen s-Laut zu hören.
*Beispiele: Fu**ß**ball – Fü**ß**e,*
*Na**s**horn – Na**s**e, Nu**ss** – Nü**ss**e*

1. Verlängere die Wörter.
Setze dann den richtigen s-Laut ein.

Schlo ss – Schlösser

Blumenstrau ß – Sträuße

Gie ß kanne – gießen

Flu ss – Flüsse

er lie s t – lesen

sie bei ß t – beißen

es flie ß t – fließen

er mu ss – müssen

s-Laute

2. Innerhalb der Wortfamilie kann sich der s-Laut ändern.
Achte auf den langen oder kurzen Vokal und setze ß oder ss richtig ein.

bei...ß...en ◆ Gebi...ss... ◆ abbei...ß...en ◆ ein bi...ss...chen ◆ gebi...ss...en

schie...ß...en ◆ Schu...ss... ◆ gescho...ss...en ◆ Schie...ß...gewehr ◆ er schie...ß...t

flie...ß...en ◆ Flu...ss... ◆ Flu...ss...lauf ◆ geflo...ss...en ◆ Flie...ß...geschwindigkeit

gie...ß...en ◆ Gie...ß...kanne ◆ Tortengu...ss... ◆ gego...ss...en ◆ Abgu...ss...

schlie...ß...en ◆ verschlo...ss...en ◆ Schlie...ß...fach ◆ Schlo...ss... ◆ Schlie...ß...ung

x-Laute

Wir unterscheiden 5 x-Laute, die sich beim Sprechen gleich anhören: **x**, **ks**, **chs**, **cks**, **gs**.
Wörter mit **x** und **chs** sind Merkwörter.
Beispiele: Axt, Hexe, Lachs, wechseln

ks und **cks** kann man durch **Verlängern** hörbar machen.
Beispiele: Keks – Kek-se,
du hockst – hocken

Wörter mit **gs** sind sehr selten. Meist kommen sie in Wörtern mit *-tags* vor.
Beispiel: mittags

1. Löse die Rätsel. Setze die Wörter aus dem Kasten richtig ein.

Mixer ◆ Boxer ◆ Nixe ◆ Hexe ◆ Axt ◆ Xylofon

Sie fliegt auf einem Besen: Hexe

Er benutzt Handschuhe: Boxer

Damit schlägt man Sahne: Mixer

Damit fällt man Bäume: Axt

Sie ist eine Meerjungfrau: Nixe

Das ist ein Musikinstrument: Xylofon

x-Laute

2. Löse die Rätsel. Setze die Wörter aus dem Kasten richtig ein.

Lachs ◆ Dachs ◆ Gewächs ◆ Luchs ◆ wechseln ◆ wachsen ◆ Wachs ◆ Fuchs

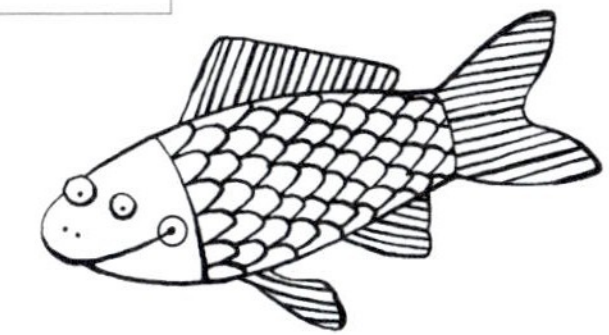

Der Luchs ist ein Tier und ähnelt einer Katze.

Der Lachs ist ein Fisch.

Einen Schein in Münzen tauschen nennt man auch wechseln.

Ein anderes Wort für Pflanze ist Gewächs.

Wenn eine Kerze brennt, wird das Wachs weich und tropft.

Kinder wachsen jedes Jahr etliche Zentimeter.

Der Dachs hat ein schwarz-weißes Fell.

Der Fuchs lebt im Wald und ähnelt einem Hund.

Merkwörter nachschlagen

Die Schreibung vieler Wörter muss man sich merken oder die Schreibweise im Wörterbuch nachschlagen.

Beim Nachschlagen sind die Anfangsbuchstaben der Wörter wichtig.

Haben die Wörter **gleiche Anfangsbuchstaben**, zählt der **2. Buchstabe**.
*Beispiele: H**a**nd, H**e**md, H**u**t*

Haben die Wörter **2 gleiche Anfangsbuchstaben**, zählt der **3. Buchstabe** usw.
*Beispiele: Ha**n**d, Ha**m**mel, Ha**u**s*

1. Sortiere nach dem Abc. Nummeriere. Achte auf den 2. Buchstaben.

5	Onkel	6	Arm
2	Oktober	7	Ast
7	Orkan	8	Auge
4	Oma	5	April
6	Opa	2	Alter
3	Oleander	4	Angel
8	Osten	3	Ampel
1	Ofen	1	Affe

Merkwörter nachschlagen

2. Sortiere nach dem Abc. Nummeriere. Achte auf den 4. Buchstaben.

[6] Schule ◆ [4] Schlitten ◆ [1] Schal ◆ [7] Schwanz ◆ [2] Schere ◆ [3] Schiff ◆ [5] Schraube

3. Bei Verben in den Personalformen und Zeiten schlägt man unter der Grundform nach. Schreibe die Grundform auf.

er bog – biegen   sie blieb – bleiben   es goss – gießen

er gibt – geben   sie lässt – lassen   es sieht – sehen

4. Schlage nach und setze richtig ein: F/f, V/v oder Ph/ph. Achtung: Manchmal musst du einen Wortteil getrennt nachschlagen! Trenne dazu vorher die Wörter.

Ge*f*äß ◆ La*v*a ◆ *v*ier ◆ *v*oll ◆ *Ph*änomen ◆ *F*euer ◆ *Ph*arao ◆

*V*eilchen ◆ grei*f*en ◆ gra*v*ieren ◆ As*ph*alt ◆ Schla*f*sack ◆

Blumen*v*ase ◆ *V*ampirbiss ◆ Kla*v*ierhocker

Fremdwörter

Die Schreibung vieler Wörter muss man sich merken oder die Schreibweise im Wörterbuch nachschlagen.
Dazu gehören auch die **Fremdwörter**. Viele Wörter kommen aus dem **Englischen** oder **Französischen**.
Beispiele: Jeans, T-Shirt, shoppen

Andere haben **lateinische** oder **griechische** Wurzeln und besondere Schreibweisen und schwierige Stellen wie ph, th oder -ion.

Beispiele: Physik, Thema, Division

1. Sortiere die Fremdwörter nach dem Abc.

4	Clown	7	Shop
7	Cowboy	2	Shampoo
6	cool	5	Shirt
5	Container	1	Shake
1	Camping	8	Show
8	Creme	6	Shit
3	Chips	4	Ship
2	Cheese	3	Sheriff

Fremdwörter

2. Sortiere auch diese Fremdwörter nach dem Abc.

6 divers ◆ 5 dito ◆ 1 Differenz ◆ 4 Disput ◆ 2 Diskrepanz ◆ 3 diskriminieren

2 Symmetrie ◆ 6 System ◆ 4 synchron ◆ 3 Synagoge ◆ 1 Symbol ◆ 5 Syrien

7 Physik ◆ 1 Pharao ◆ 5 Phönix ◆ 4 Phobie ◆ 3 Philosoph ◆ 6 Phrase ◆ 2 Phase

4 Chef ◆ 1 Chance ◆ 3 Charme ◆ 7 Chor ◆ 2 Chaos ◆ 6 Chips ◆ 5 Chili

3 Violine ◆ 2 Viola ◆ 5 Vitrine ◆ 7 Vulkan ◆ 1 Vampir ◆ 4 Vitamine ◆ 6 Vlies

3 Thema ◆ 5 Thermometer ◆ 4 Theorie ◆ 2 Theke ◆ 1 Theater ◆ 6 These

Häufigkeitswörter

Es gibt viele wichtige Wörter, die sehr kurz sind und so oft vorkommen, dass sie in jedem Text zu finden sind.
Sie heißen **Häufigkeitswörter**.
Man muss sich ihre **Schreibung merken**.

individuelle Lösung

1. Markiere alle Wörter, die du schon sicher schreiben kannst.

die ◆ das ◆ der ◆ und ◆ in ◆ im ◆ zu ◆ den ◆ es ◆ denn ◆ nicht ◆ von ◆ sie ◆ ist ◆ sich ◆ mit ◆ dem ◆ er ◆ ein ◆ so ◆ ich ◆ auf ◆ eine ◆ auch ◆ ab ◆ an ◆ als ◆ nach ◆ wie ◆ für ◆ man ◆ durch ◆ wenn ◆ wen ◆ nur ◆ was ◆ war ◆ noch ◆ bei ◆ wir ◆ wird ◆ sein ◆ sind ◆ oder ◆ zur ◆ nun ◆ haben ◆ einer ◆ da ◆ zum ◆ vor ◆ mich ◆ doch ◆ erst ◆ mehr ◆ am ◆ unter ◆ schon ◆ hier ◆ bis ◆ ohne ◆ gegen ◆ bald ◆ dort ◆ wo ◆ schon ◆ du ◆ weg ◆ oft ◆ wohl ◆ einer ◆ jeder ◆ diese ◆ ob ◆ dieses ◆ kann ◆ muss ◆ will ◆ beim ◆ vom

Häufigkeitswörter

2. Übe alle Wörter, die du nicht markiert hast. Schaue ein Wort an. Decke es ab und schreibe es auf.

individuelle Lösung

*Herzlichen Glückwunsch! Du bist jetzt fit im Bereich **Richtig schreiben**! Klebe den passenden Sticker auf der letzten Seite ein.*

Sinnzusammenhang

1. In jedem Satz ist ein Wort zu viel. Es ist nicht so leicht zu finden. Streiche es durch.

Als ich aus der Schule kam, ärgerte ich mich über die vielen ~~schönen~~ Hausaufgaben, die wir bekommen hatten. Meine ~~schlechte~~ Laune war im Keller. Missmutig schloss ich die Wohnungstür auf und warf meinen ~~leeren~~ Ranzen an die Garderobe. Jetzt wollte ich zuerst einmal etwas ~~Ekliges~~ essen. Voller Vorfreude ging ich in die Küche, wo das vorbereitete ~~warme~~ Essen stand. Ich musste es nur noch ~~häufig~~ aufwärmen. Doch was war das ~~darüber~~? Es gab kein ~~einziges~~ Essen. Ich fand nur einen ~~leeren~~ Zettel meiner Mutter. Hallo Maxi, es tut mir leid, ich konnte nicht vorkochen, iss eine ~~pinke~~ Banane oder ein Brot, ich koche heute Abend. Das war ja ein Supertag ~~gestern~~! Sauer ging ich ins Wohnzimmer, setzte mich auf das ~~abwesende~~ Sofa und schaltete den Fernseher ein. Dort lief gerade Reklame für ~~flüssige~~ Chips. Das erinnerte mich an die ~~bodenlose~~ Chipstüte in meinem Zimmer.

Sinnzusammenhang

individuelle Lösung für die neuen Wörter, Beispiele:

2. In jedem Satz ist ein Wort falsch. Streiche es durch. Schreibe ein passenderes Wort.

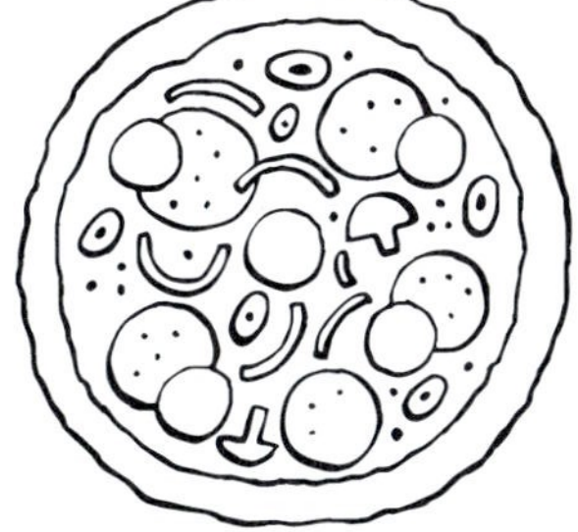

Ich lief in mein ~~Bett~~ *Zimmer*, um sie zu holen. Das war doch ein guter ~~Zusatz~~ *Ersatz* für eine Banane oder ein Brot. Während ich die ~~heißen~~ *leckeren* Chips knabberte und durch die Programme zappte, fielen mir die Hausaufgaben ein. Ich holte mein Mathebuch und erschrak über die vielen ~~leichten~~ *schwierigen* Divisionsaufgaben, die ich schriftlich lösen sollte. Als ich gerade fertig war, kam meine Mutter nach ~~Amerika~~ *Hause*. Sie lobte mich, weil ich so ~~faul~~ *fleißig* war. Sie machte Pizzateig und ich durfte meinen Teil selber ~~braten~~ *belegen*. Ich wählte Salami, Pilze, Peperoni und ~~Sahne~~ *Schinken* aus. Damit war der Tag dann doch noch ~~ertrunken~~ *gerettet*.

Kernaussagen markieren

1. Lies den Text über den Feldhamster. Markiere die Informationen zu den Oberbegriffen des Steckbriefs auf Seite 85 in verschiedenen Farben.

Der Feldhamster ist viel größer als die Goldhamster im Zoogeschäft. Er kann bis zu 35 cm lang werden und bis zu 500 g wiegen. Er hat ein braunes Fell, das an der Bauchseite fast schwarz ist. Backen und Seiten sind meist mit weißen Flecken durchzogen. Der Feldhamster lebt in Europa und Teilen von Asien auf Feldern, Wiesen oder in Steppen. Er frisst gerne Körner aller Art, Kartoffeln, Rüben, Klee, Wurzeln, Gräser, aber auch Schnecken, Insekten und Würmer. Zwischen April und Juli kann das Hamsterweibchen bis zu 3-mal 8 Junge großziehen. Die Tragzeit beträgt 20 Tage.
Die Hamster leben als Einzelgänger und treffen sich nur zur Paarung. Das Hamsterweibchen lebt einige Zeit mit seinen Jungen zusammen. Sie leben in unterirdischen Höhlensystemen, die 80 bis 90 cm tief im Boden liegen und von den Hamstern selber gegraben werden.
Sie errichten Höhlen zum Schlafen, für ihre Vorräte und sogar eine Toilette, die durch Gänge miteinander verbunden sind. Zum Fressen kommen die Nager meist nur bei Dunkelheit aus ihrem Bau. Zwischen Oktober und April halten sie Winterruhe und leben von ihren Vorräten.

Kernaussagen markieren

2. Fülle den Steckbrief mithilfe deiner gesammelten Informationen aus.

Der Feldhamster

Größe/Gewicht: größer als Goldhamster, bis zu 35 cm lang, bis 500 g schwer

Aussehen: braunes Fell, Bauchseite fast schwarz, Backen und Seiten weiße Flecken

Nahrung: Körner, Kartoffeln, Klee, Wurzeln, Gräser, Schnecken, Insekten, Würmer

Vorkommen: Europa, Teile von Asien, Felder, Wiesen, Steppen

Vermehrung: bis zu 3-mal 8 Junge zwischen April und Juli, Tragzeit 20 Tage

Besonderheiten: Einzelgänger, Hamsterweibchen lebt mit Jungen, unterirdische Höhlensysteme (selbst gegraben), Fressen meist nur bei Dunkelheit außerhalb des Baus, zwischen Oktober und April Winterruhe

Zwischenüberschriften

Beim Strukturieren eines Textes helfen oft Zwischenüberschriften.
Lies die Textabschnitte. Setze die Begriffe des Steckbriefs von Seite 85 als Zwischenüberschriften ein.

Der Feldhamster

Größe/Gewicht

Der Feldhamster ist viel größer als die Goldhamster im Zoogeschäft.
Er kann bis zu 35 cm lang werden und bis zu 500 g wiegen.

Aussehen

Er hat ein braunes Fell, das an der Bauchseite fast schwarz ist.
Backen und Seiten sind meist mit weißen Flecken durchzogen.

Vorkommen

Der Feldhamster lebt in Europa und Teilen von Asien auf Feldern, Wiesen oder in Steppen.

Zwischenüberschriften

Nahrung

Er frisst gerne Körner aller Art und Kartoffeln, Rüben, Klee, Wurzeln, Gräser, aber auch Schnecken, Insekten und Würmer.

Vermehrung

Zwischen April und Juli kann das Hamsterweibchen bis zu 3-mal 8 Junge großziehen. Die Tragzeit beträgt 20 Tage.

Besonderheiten

Das Hamsterweibchen lebt einige Zeit mit seinen Jungen zusammen. Sie leben in unterirdischen Höhlensystemen, die 80 bis 90 cm tief im Boden liegen und von den Hamstern selber gegraben werden. Sie errichten Höhlen zum Schlafen, für ihre Vorräte und sogar eine Toilette, die durch Gänge miteinander verbunden sind. Zum Fressen kommen die Nager meist nur bei Dunkelheit aus ihrem Bau. Zwischen Oktober und April halten sie Winterruhe und leben von ihren Vorräten.

*Herzlichen Glückwunsch! Du bist jetzt fit im Bereich **Lesen**!*
Klebe den passenden Sticker auf der letzten Seite ein.

Sachtexte planen

Zur Planung eines Sachtextes hilft dir ein Cluster. Du sammelst zunächst viele Informationen zu deinem Thema und schreibst sie im Cluster geordnet auf. Später formulierst du damit Sätze. Ein Cluster sieht so aus:

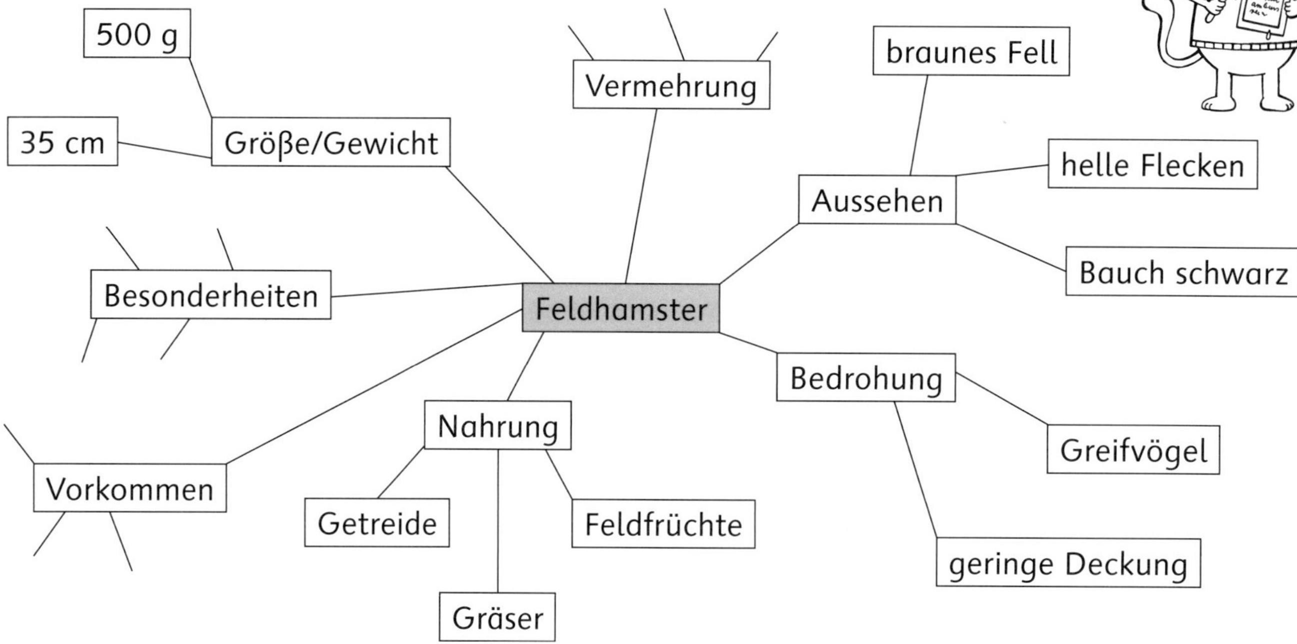

Sachtexte planen

1. **Im Cluster von Seite 88 fehlen noch ein paar Äste. Du siehst sie hier noch einmal. Ergänze die fehlenden Äste des Clusters mithilfe der Seiten 84 bis 87.**

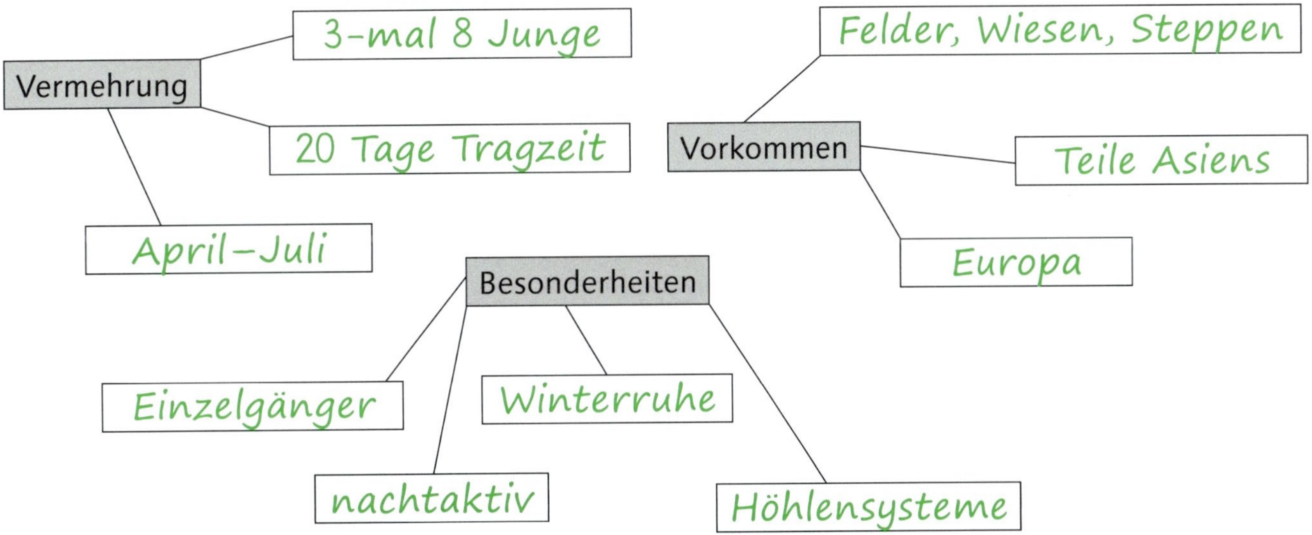

2. **Erstelle ein Cluster zu einem anderen Tier. Schreibe in dein Heft. Suche die Informationen im Internet oder im Lexikon.**

Erzählende Texte planen

**Zur Planung eines erzählenden Textes hilft dir ein roter Faden.
Du stellst dir zunächst Fragen und notierst Stichwörter.
Später formulierst du damit Sätze.**

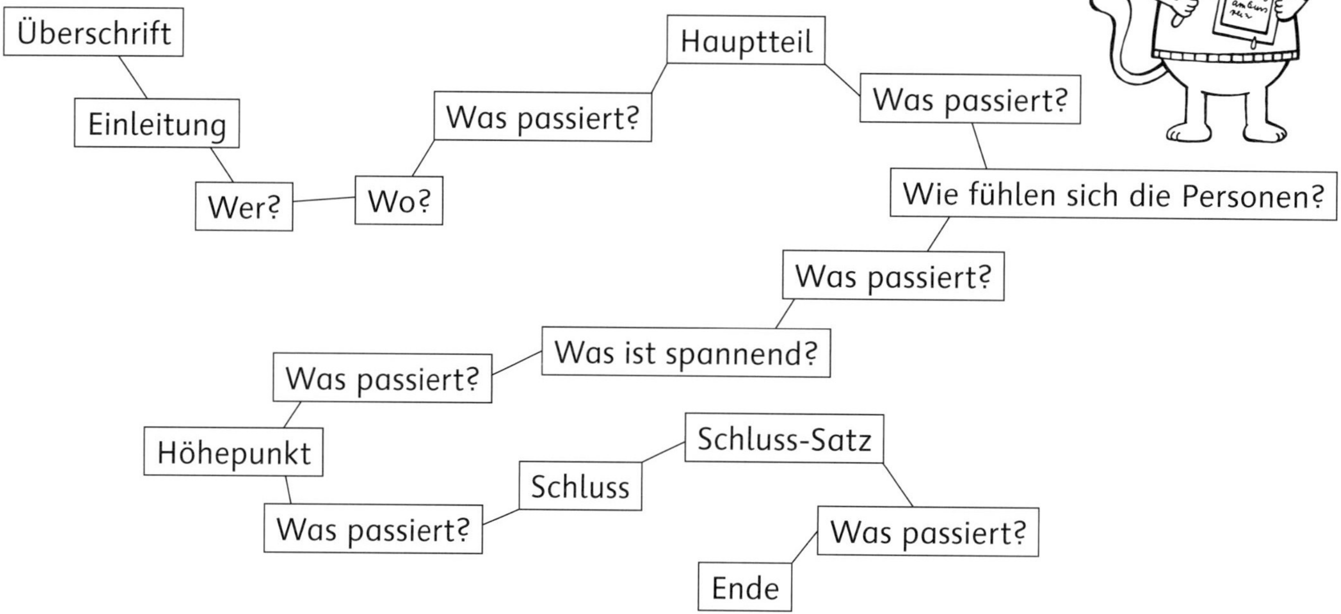

Erzählende Texte planen

individuelle Lösung, Beispiele:

1. Ergänze den roten Faden mit deinen Ideen. Schreibe Stichwörter.

Überschrift: Nicki in Gefahr

Einleitung: Wer? Wo? Was passiert?

Katze Nicki ist verschwunden, Besitzer suchen sie

Hauptteil: Was passiert? Wie fühlen sich die Personen? Was ist spannend? Höhepunkt?

Nicki ist auf einen hohen Baum geklettert, Besitzer und Nicki haben Angst, Nicki kommt alleine nicht hinunter, Feuerwehr wird gerufen

Schluss: Was passiert? Schluss-Satz? Ende?

Feuerwehr rettet Nicki, alle sind erleichtert und freuen sich

2. Schreibe deine Geschichte in dein Heft.

Texte überarbeiten

Bei einer gut gelungenen Geschichte sind diese Punkte erfüllt:

- passende Überschrift
- interessanter Inhalt
- verständlich geschrieben
- in richtiger Reihenfolge erzählt
- Gefühle beschrieben
- wörtliche Rede enthalten
- in abwechslungsreicher Sprache geschrieben
- Höhepunkt erkennbar

1. Lies die kurze Geschichte.

Nach meinem letzten Besuch im Zirkus wollte ich unbedingt Einrad fahren wie der Clown. Ich wünschte mir ein Einrad zum Geburtstag, der kurz bevorstand. Ich bekam das Einrad. Ich freute mich. Ich probierte es aus. Ich fiel immer wieder hin. Es war gar nicht so einfach, wie es ausgesehen hatte. Ich war enttäuscht.

Texte überarbeiten

individuelle Lösung, Beispiel:

2. Überarbeite die Geschichte Schritt für Schritt.
Überarbeite diese Stelle: Ich bekam das Einrad. Ich freute mich.
Ergänze, wer das Einrad schenkt, drücke die Freude stärker aus und beschreibe, wie das Einrad aussieht.

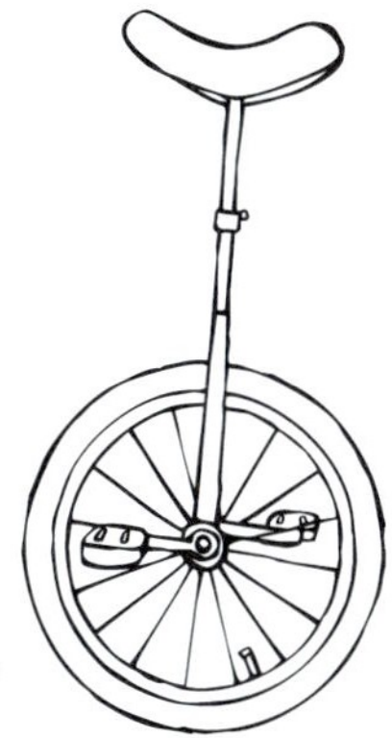

Von meinen Eltern bekam ich tatsächlich das lang ersehnte Einrad geschenkt. Es war blau mit roten Streifen und sah genau so aus, wie ich es mir gewünscht hatte. Ich schrie sofort begeistert auf und fiel meinen Eltern vor lauter Freude um den Hals.

Texte überarbeiten

individuelle Lösung, Beispiel:

**1. Schreibe die Geschichte an dieser Stelle weiter und ergänze den Höhepunkt:
Ich war enttäuscht. Lasse jemanden erklären, dass man Einradfahren üben muss. Nutze die wörtliche Rede. Lass einen Überraschungsgast kommen, der einen Gutschein für einen Einrad-Kurs mitbringt. Beschreibe die Gefühle.**

Zum Glück kam in diesem Moment mein bester Freund Tim vorbei, der auch Einrad fahren konnte. „So einfach ist das am Anfang nicht“, erklärte er. „Ich musste selber ganz viel üben. Aber ich glaube, ich habe da so eine Idee …“ Er lief weg und kam kurze Zeit später zurück – aber er war nicht allein. Bei ihm war der Clown aus dem Zirkus! „Der Zirkus bietet gerade Einrad-Kurse für Anfänger an“, grinste Tim. „Bitteschön, dieser Gutschein ist für dich, weil du doch so Einrad fahren möchtest wie ich“, sagte der Clown und überreichte mir einen Gutschein für einen Einrad-Kurs.

Texte überarbeiten

individuelle Lösung, Beispiele:

2. Erzähle einen Schluss. Beschreibe die Erleichterung darüber, dass man Einradfahren üben kann, und die Vorfreude auf den Kurs.

Ich freute mich riesig über den Gutschein und war sehr erleichtert, dass das Einradfahren auch bei anderen nicht sofort funktioniert hatte. Der Kurs würde bestimmt toll werden und wer weiß …? Vielleicht würde ich ja eines Tages sogar mal mit meinem Einrad im Zirkus auftreten.

3. Finde eine passende Überschrift für die Geschichte, die neugierig macht und nicht zu viel verrät.

Das Einrad-Abenteuer

4. Schreibe die überarbeitete Geschichte in dein Heft oder auf ein Blatt.

Herzlichen Glückwunsch! Du bist jetzt fit im Bereich ***Schreiben****!*
Klebe den passenden Sticker auf der letzten Seite ein.